내가 가장 젊었을 때

시와반시 기획시인선 020

내가 가장 젊었을 때

유용주 시집

| 차례 |

| 제1부 |

10 똥

12 거문도

14 화이트 엘리펀트

17 百濟 流民

20 율곡 독서실

22 꿈

24 고봉밥

26 순례길

28 상처

29 청산수목원

32 꿈보다 해몽

33 나를 잃어버렸다

35 소음

37 지문

| 제2부 |

- 40 착각
- 42 모자란 패밀리
- 44 택시
- 46 스미마셍
- 48 젊은 시인
- 50 팬
- 52 전설
- 54 르포
- 56 외상
- 59 일류시인
- 61 머슴
- 63 농담
- 65 감시자
- 66 問喪
- 68 詩聖
- 69 도원결의

| 제3부 |

72　물의 뿌리

74　확성기

77　스피커

79　이중성

81　독자 놈들 길들이기

83　눈이 내리네

85　쥐젖

88　개그 콘서트

92　내가 가장 젊었을 때

95　아재개그

98　하느님

99　준공 검사

101　36계

102　천사

103　약속

| 제4부 |

- 106 여름
- 108 자갈 도너츠
- 110 밤 가시 국시
- 111 도야지
- 112 파리찜
- 113 손
- 115 놈
- 117 넋두리
- 118 불알동무
- 120 다리 밑
- 121 살 떨리는 얘기
- 123 투계
- 124 49재
- 126 여자만
- 128 새는 좌·우의 날개로 난다는데
- 130 안동 제비원 미륵불
- 132 익산
- 134 산문 내 영혼을 뒤흔든 한편의 시

| 제1부 |

똥

소주가 달면 인생이 쓰다

처음 보는 사람이 이렇게 말한다

영혼이 새 나간다고?

의사가 시인이었구나

항문 수술하는 병원장이 설명을 하는데

영원히 방구가 새어나갈 수도 있다는 걸 잘못 들었다

하긴, 의사이면서 시를 쓰는 분이 여럿 있다

병원과 시의 공통점은

고통을 참아야 거듭 태어난다는 것

수술 후엔 뜨거운 물로 좌욕도 열심히 하란다

뜨거운 물에 정신 차려봐야 차가운 것에 고마움을 안다

냉탕과 온탕을 번갈아 가봐야 인생의 참맛을 알 수 있다

힘을 줄 때 찢어지는 아픔을 겪었다

피를 많이 흘렸다

쓴맛을 봐야 좋은 똥이 나온다

소주가 쓰면 인생이 달다

거문도
— 최경엽 할머니께

바람에 빛깔과 향기가 배어 있다

바람의 무게가 따로 있다
바람의 색깔이 따로 있다

바람을 알면 바닥을 안다
바다를 알면 바닥을 안다
밥을 알면 바닥을 안다

술과 노래를 이해하면
눈물을 이해하고 인생을 이해하고
무덤을 이해한다
나무를 이해한다
돌을 이해하게 된다

깊이를 알면 바람을 안다
끝을 알면 시작을 안다

죽음을 알면 삶을 안다

화이트 엘리펀트

저는
소식을 하고 있습니다
소처럼 먹죠

공기와 이슬만 먹습니다
공기 밥을 다섯 그릇 이상, 참이슬을 후식으로
애용하죠

존재자체가 무거워요 몸무게가 많이 나가요
원래부터 몸이 차가와요 영혼이 춥다는 얘기죠
숨 쉬는 것도 거짓이지요
그릇 중에는 사기가 으뜸이에요

저는
멧돼지가 하나도 안 무서워요
가까운 친척인 걸요
수많은 문중들을 병 걸렸다고 산 채로 묻기도

해요
 피의 온도로 냉, 난방을 돌리는 사람이 있죠

 저는
 한꺼번에 너무 많이 먹어서 슬픈 짐승*이랍니다
 디저트로 녹조 라떼를 즐기죠
 사람들이 찾지 않아 텅 빈 수변공원은 어떻게 할까요
 새들도 떠나간 자전거 도로는 어떤 용도로 사용할 거에요
 로봇 물고기는 언제 헤엄치죠
 오염되어 죽은 물고기는 거름으로도 못 쓰죠
 썩어 냄새나는 물은 활성탄을 많이 넣어요
 강이 죽어가는 소리를 들어본 적 있나요

 곡선보다 직선이 더 좋죠
 열림보다 막힘이 더 낫죠

흙보다 시멘트를 거듭 사용하죠

감옥에서도
혼자 타죠
혼자 다 마셔요
혼자 다 처먹어요

늙으면 하루에 한 끼만 먹을 거에요
제 고민은
세상의 굶주림에 대처하는 방법입니다
단식을 포함해서 말입니다

* 친일을 한 시인의 시를 인용함.

百濟 流民

그의 직업은 소방수다
사춘기 때 철공소 시다로 들어가 택시운전사를 거쳐
읍사무소 소방서에 운전직으로 취직을 했다
박봉으로 사남매 모두 대학에 보냈다
부인은 평범한 가정주부다
반면교사이자 닮고 싶은 사나이
그는 자수성가했다
무궁화 두 개로 은퇴한 다음, 돈 애기를 꺼내 길래 주택연금을 추천했다
늙어, 벌초와 제사 문제로 고민하자 파묘를 권했다
(그는 장남이다)
하나도 내 뜻대로 된 적이 없다
두 가지 다 자기 생각이 있고 내 마음을 떠본 거다
인터넷으로 모든 신문을 보는 사람,
대천에서 구급대장을 할 적에는
시장 2층 슬라브가 무너져 정강이뼈가 박살났다

육 개월 넘게 병원신세를 졌다
수술을 세 번 받았다 정형외과 여의사가 무릎 구멍을 뚫으면서
농담을 했다 그는 너무 아파 헛소리를 질렀다
프로같이 색소폰을 신고 다닌다
음악에도 소질이 있어 절대음감을 가지고 있다
독공부로 기타, 아코디언, 피아노, 못하는 연주가 없을 정도다
젊었을 적에는 연주자가 꿈이었는데, 잡기는 풍각쟁이나 하는 짓이라며
부친이 기타를 여러 대 부신 적도 있다
술은 못하고 담배가 낙이다
실버 그룹 황산벌에도 수준 낮다고 안 나가고
(공설운동장에 연습실이 있다)
혼자 연주가 한창이다 한 30년 지나
사위도 자식이라는 새빨간 거짓말을 믿지 않는 나이가 되었다

지금 장인은 암 투병중이다
세월은 무정하게 흘러 덩어리는 깊어져도
현역 때, 열두 번 검토하고 도장 찍어준
그 고집 그대로다

율곡 독서실

mbc 제작국장이 주인이라는 소문이 돌았다
가수 함중아*와 인순이, 임주리의 메니저인
영달이 형이 실장을 맡아 출근을 했다
롯데우유 광고로 얼굴을 알린 물건과 신인가수 박일준이 도장을 찍기도 했다
영달이 형은 한쪽 눈이 없었다
늘 색안경을 꼈다
키가 작았다
그의 처남인 대학생 충기가 자주 놀러와 짜장면을 시켰다
충기는 장발에 눈이 작았다 항상 청바지를 입고 있었다
청소 당번인 내가 하루
독서실비를 슬쩍해서 배고픔을 해결할 무렵이었다
공부는 뒷전, 송곡여고 여학생 뒤꽁무니를 쫓아 다녔다

그 맛이 삼삼했다
가끔 영달이 형 심부름으로 함중아가 살고 있는 삼선교 집에 들리면
해맑은 얼굴로 피아노를 치면서 작곡을 하고 있었다
방 안에는 음표 노트가 어지럽게 널려 있었다
웃으면 치아가 가지런했다
주말마다 영달이 형이 공짜로 나누어주는 공연 티켓을 들고
정동 체육관을 뻔질나게 드나들었다
덕분에 시험 성적은 꼴찌에서 일등을 맴돌았고 가수들의 노래는 달달했다
노랫소리에 취해서 도끼 자루 썩는 줄 몰랐다
독서실 총무였지만 동네 건달처럼 놀았다
벌써 40년 세월이 훌쩍 흘렀다

* 가수 함중아는 2019년 11월 2일 폐암으로 별세했다. 향년 67세.

꿈

한 겨울이었다

특강을 끝내고 짜리몽땅을 불러
대취했다
장취했다

차비와 술값과 여관비를 낸 선생은 돌아가고
짤랭이와 여관에 들었다

햇빛 환한 봄날이었다
친구들은 골목을 빠져 나가고 오줌이 마려웠다
목련 그늘 아래에서 벌벌 쌌다
시원했다

깨어보니 여관방이었다
이불을 둘둘 말아 윗목에 놓고
새벽에 몰래 빠져나왔다

영문 모르는 난쟁이똥자루는 툴툴거리고
해장국집 찾지 못하는 고릴라도 툴툴거리고
눈은 풀풀 날리고

고봉밥

 논에 갔다 온 아부지가 마룻바닥을 지게작대기로 쳤다

 옆집 종배는 깔을 두 망태나 베어 왔는디

 이집 구석은 해가 똥구멍에 솟도록 아직 오밤중이니

 구수한 된장국이 조반으로 올라와 눈곱도 못 떼고 상 앞에 앉아

 나는 굶은 소보다 아침잠 없는 종배가 미워

 그 새끼는 보름날 더위 팔 때도 꿀 먹은 벙어리였지

 내 더위 네 더위 복 더위

 비몽사몽간에 내 이름을 부를 때 대답을 하고 말

앉지

 그래서 더위를 많이 타나

 환갑이 넘은 부지런한 종배,

 눈 먼 사람이 되어 아들 하나 두고 마누라는 도망가고

 가장 하기 싫은 게 막내 삼촌 대신 깔 베어 오는 일이라고 투덜투덜

 귀밝이술도 마시고 부럼도 깨물고 잡곡밥도 먹고 달집도 함께 태운

 먼 바닷가에 사는 종배한테 고향 쌀을 부쳤다

 점자 잘 배우라고 어떻게든 살아남으라고

순례길

우리가 해안선을 따라
인천 연안부두에서 팽목까지 53일 동안 걸을 때
주로 마을회관, 절, 교회에서 잤는데
일행은 어찌나 코를 골던지
코 고는 사람들은 이빨을 갈고 또
삼박자로 방언까지 주워 섬기는데
짐승들이 자는 모습을 보여주었다
씻었는데도 꼬랑내가 났다
미치는 줄 알았다
아이들 죽음을 추모하는 게 아니라
사람 참는 방법을 배운 순례길이다
지옥이 있다면 이런 풍경일 것이다
멀리 커다란 배가 지나갔다
바다 위로 비가 내리기도 했다
썰물 때는 한도 끝도 없이 물이 빠졌다
우리는 깃발을 들고 맨발로 바닷가를 걷기도 했다
파도를 뚫고 헤엄쳐서 제주까지 가려고 마음먹

었다
　바람은 쉴 새 없이 불어왔다
　기왕 걸어온 길, 조금만 더 조금만 더
　그것은 인내심이었다
　드디어 끝이 보였다
　쫑파티를 했다
　많은 사람들이 모였다
　거기서도 똑같은 말과 노래, 역겨웠다
　나는 도중에 빠져나왔다
　삼박자가 없는 토굴이 천국이었다
　냄새 없는 집이 좋았다
　오랜만에 깊은 잠에 빠져들었다

상처

얼굴에 뭐가 났다
성질이 엿 같아서 손가락으로 잡아뗐다
더 커졌다
병원에 갔다 젊은 의사가
레이저로 태워버립시다
노린내가 났다
마취가 안 되는 체질이라 아팠다
눈물이 찔끔 나왔다
이제 살색 밴드만 붙이면 끝입니다
물 대면 안 됩니다 세수하지 마세요
나는 보름 동안이나, 한 달 동안 밴드를 붙이고 다녔다
그걸로 끝인 줄 알았는데 재발했다
이번엔 넓게 태웠다
나는 고분고분한 짐승이 되어 누워 있었다
흉터는 하얗게 남았다
눈 밑에 하얀 재만 남았다

청산수목원

그는 산을 넘다가도 마음에 드는 꽃을 보면
가을까지 기다려 씨를 받아 왔다
그 갸륵한 마음씨가 수목원을 낳았다
처음 수목원에 들렸을 때는
주위는 논이었고 나머지는 온통 연꽃 바다였다
진흙탕 속에서 연꽃은 피어난다
그는 부처 얼굴 닮았다
몇 년이 지나 가보니
넘실대던 연꽃은 없어지고 그 자리에 핑크뮬리가 손짓하고 있었다
(색깔이 세계를 지배할 것이다)
입장료를 받았고 넓은 수목원 안에는 커피숍이 두 개나 있었다
평일인데도 승용차가 많았다
꽃나무와 시를 돌에 새긴 비석, 메타세콰이어가 깊은 그늘을 만들었다
농부는 트럭을 몰고 고무신을 신고 밀짚모자를

쓰고 일을 했다
 돈은 많았지만 쓸 줄을 몰랐다
 틈만 나면 글을 썼다
 그림을 그렸다
 문학회에 나가면 금방 코를 골며 졸았다
 트럭을 몰고 가면서도 졸았다
 살아 있는 부처는 무엇에 구속당하는 것을 싫어했다
 안전띠 매는 것도 귀찮아했다
 그는 길에서 청산으로 훨훨 날아갔다
 고희를 넘긴 나이인데도 솔로였다
 주경야독과 결혼했다
 술보다 담배를 더 사랑했다
 호박고구마와 수줍은 미소는 그가 마지막으로 준 선물이었다
 많은 꽃과 나무와 물과 구름이 자식으로 남아 바람에 흔들렸다

졸병인 내게 영원한 삶의 대장인
일꾼 신세철

꿈보다 해몽

 말당이 동리에게 한방 얻어맞았다 내도 시를 쓴다 한 번 들어봐라 벙어리도 꽃이 피면 아프다 어떻노? 말당은 소주를 들이마셨다 무릎을 쳤다 이놈이 소설보다 시가 좋구나 말당과 의기양양하게 헤어지고 제자가 물었다 선생님, 정말 벙어리도 꽃이 피면 아픕니까? 이놈아가 아무리 벙어리지만 꼬집히면 아프다 아이가

 빨간 관광버스가 한 무리의 할매들을 내려놓았다 휴게소 너른 마당은 막춤이 피어올랐다 볼고족족 주름살 사이로 한잔들 자셨다 마침 스피커에서는 꽃을 든 남자가 흘러 나왔다 할매들은 떼창을 했다 나는 나는 고추든 여자! 오랜만에 할매들 돌아간 입이 헤벌쭉해졌다

나를 잃어버렸다

 J선생이 살아 있을 때다 화계사 입구에 자리한 J선생 집에서는 해마다 설날 아침, 떡국과 찬술을 내놓았다 그 자리에는 한국문단을 대표하는 유명한 작가들이 많이 오는데 나는 말석에서 술을 마셨다 옷 벗어부치고 공짜 술을 마셨다 취하기 전에 고택을 빠져나왔지만 다음날 외투를 바꿔 입고 나온 사실을 알았다 지갑에는 두툼한 현금이 들어 있었다 외투의 주인은 대학 교수였다 체구도 나하고 비슷하고 무엇보다 외투의 색깔과 모양이 똑같았다 세월이 흘러 누런 개띠해가 밝아왔다 비상대책회의가 끝나고 순댓국 한 그릇 말아먹고 시골로 내려왔다 순대국밥 집은 온돌 구조였다 밤에는 전혀 느끼지 못했는데 이튿날 신발을 바꿔 신고 내려온 걸 깨달았다 신발은 색깔만 미세하게 다를 뿐, 내 운동화와 혼백이 똑같았다 다만 약간 사이즈가 작아, 밤새 발등이 부은 줄 알았다 의식 않았을 때는 편했는데 남의 거라 생각한 순간, 발가락이 아프기

시작했다 정신을 바꿔 신고 오다니! 제풀에 화가 나서 울었다 부어 있는 발을 보며 울었다 나는 오랫동안 젖은 신발로 걸어왔다 아니, 시원하게 짖지도 못했는데 사물을 몰라보다니! 낡고 삐걱거려 문짝이 안 맞는 줄도 모르는 망령이 든 것은 아닌지 나를 잃어버리고도 아무렇지 않은 사람으로 바뀐 게 아닌지 무서워서 슬피 울었다

소음

 혼잣말이 늘었다 늙어 배우자말을 잘 들으면 자다가 떡을 얻어먹는다 반 전세를 살고 있는 빌라도 층간소음에 시달린다 밤늦게 청소기를 돌리고 세탁하는 것은 참고, 생마늘을 도구통으로 찧어도 견디며 지나간다 못질 소리가 나면 위층에 이사 온 사람이 목수군 조적이나 전기면 좋겠는데……, 흠, 낮에 작업을 하다 아이들이 뛰길래, 3층에 올라갔다 아내 말대로 초코파이를 한 통 사들고 대범한 척, 아이들은 뛰면서 크는 법이죠 아이들이 웃고 우는 소리가 바로 옆인 듯 크게 들린다 젊은 엄마는 능구렁이처럼 말 한다 할아버지 미안해요 조용히 할 게요 세 가구 모두 아이를 키우고 있었다 국가 입장에서는 애국자들인데, 뭐 주고 뺨 맞는 격이지 부동산에 방 뺀다고 할 걸, 후회했다 뒤에서 아이들 뛰는 소리가 쿵쿵 들렸다 반려동물 안 키우는 것을 큰 혜택으로 알고 살아야 되겠구먼 당신이 숨 쉬는 게 소음이야 이제 겨우 구토자리가 마르기 시작했는데, 아내가 끝내 한 부조 한다 코 고는 소리, 방구 뀌는 소리, 오죽했으랴 내 얕은 영혼에서는 처음부터 악취가 났다 주정부리 소음은 자장가였다 나는 책과 신문과 방송을 끊었다 인터넷과 SNS를 끊었다 가장 억압을 잘하는 곳이 자유연맹이고 걸핏하면 넘어지는 곳이 바르게 살자는 비석이고 석면과 헌 마을을 많이 생산하는 곳이 새마을운동 깃발이고 우리나라에서 친일 매국노가 가장 많이 모여 있는 곳이 애국을 부르짖는 당이다 돈에 미친 금수강산이다 자전거는 넘어지는 쪽으로 핸들을 꺾어야 산다 굴렁쇠는 기울어진 쪽으로 굴러야 살아나고 수영은 물을 많이 먹어야 배운다 유도는 넘어지는 법을 먼저 가르친다

지문

아부지는 두 시간 일찍 나갔다

눈이 허벅지까지 쌓인 새벽이었다
첫 차는 일곱 시 넘어야 오는데
우묵 모자에 두루마기, 지팡이가 추위를 막지 못했으리라

차시간이나 약속을 잡으면
전날부터 준비한다 아예
차려입고 기다리기까지 한다

쇤내 근성은 내리물림이구나

| 제2부 |

착각

 감독은 이미지로 그림을 그리는 시인이다 푸른 노을을 찍으러 시골에 온 감독은 눈 쌓인 산야가 마음에 들었다 달빛에 반사된 두꺼운 눈은 한 편의 시였다 그 위로 바람이 몰려갔다 들판 한가운데 빈 집이 보였다 무조건 계약을 하고 샀다 지금은 총각이지만 나이가 들면 내려와 느긋하게 여생을 즐기며 살고 싶었다 짧은 겨울이 흘러 봄이 왔다 집 근처에 많은 꽃이 올라왔다 압권은 농장에 사과꽃이었다 향기가 처녀 속옷 냄새보다 좋았다 새싹이 돋고 사과꽃 향내가 진동할 무렵, 농약 냄새도 함께 따라 들어왔다 사과꽃이 지고 열매가 올라오자 농약 살포는 새벽부터 열을 뿜었다 정신을 차리고 보니 소음과 약 냄새와 거름 냄새도 문제였지만, 집도 하루 종일 그늘이 지는 북향이었다 감독은 얼른 집을 내놨다 부실공사로 지은 집은 팔리지 않았다
 산골에서 촬영은 만만치 않았다 좋은 장면을 위해 여러 번 액션을 외쳤다 영화는 발로 찍는다는

좌우명으로 살았지만, 스트레스가 이만저만이 아니었다 노독을 풀 겸, 조연출과 딱 하나 문 연 술집에 들렀다 저녁을 먹으면서 반주를 한 것은 오래된 전통이었다 입가심하자고 들린 맥주집 여자는 천사처럼 예뻤다 깎아놓은 배처럼 굴었다 부드러운 혓바닥이었다 감독은 호기롭게 맥주 두 짝을 시켰다 선녀 앞에서 무얼 아낀단 말인가 세상을 다 주고도 모자랄 판이었다 영화가 아니라면, 살림을 차리고 싶었다 맨 정신으로 고백을 해볼까, 어렵사리, 날 밝으면 해장국을 같이 먹자고 약속을 했다 술은 꿀처럼 달았다 전화소리에 잠을 깨었다 머리가 아프고 목이 탔다 자리끼를 들이켰다 서둘러 술이 덜 깬 몰골로 해장국집에 나갔다 아니, 어제 본 여자가 아니잖아, 이모라고 불러도 손색이 없는 여자였다 쪼글쪼글 늙고 못생긴 여자는 담배를 꼬나물었다 방송에서 유명한 맛집으로 소개한 해장국은 썼다 감독 별명은 천재였다

모자란 패밀리

 영등포 책방에서 낭독회가 있었다 사회는 작년에 죽은 송장도 벌떡 일어나게 만드는 재주를 가진 친구가 봤다 동료 바다 시인은(왜 바다인줄 알아? 다 받아주니께 바다여 왜 바보인줄 알아? 바로 보는 사람이 바보여) 뚜껑을 열어 많이 꿰맸다 저승 문턱까지 갔다 왔다 날이 꾸물꾸물해지면 콧구멍에 비 들이칠까 노심초사하는 나도 뇌출혈로 쓰러져 중환자실 신세를 진 적이 있다 쓰러지고 난 뒤, 여러 증세 중에, 나사가 풀려 한 번 웃음이 터지면 참지 못하는 병이(눈물도 마찬가지) 생겼다 기관지 간판이 내일을 여는 작가인데, 친구는 뇌를 여는 작가라고 즉석 밥을 지었다 참고로 친구 또 다른 이름은 모지란이다

 12년 만에 나온 책을 완독한 친구가 요즘 보기 드문 역작이라고 덕담을 했다 귀가 도자전에 마루 구멍이라(보행기를 비행기라고 알아듣고 옵션을 오

전으로 알아듣고 외출을 매출로 알아듣는) 자랑하는 나를 두고, 비탈에 서 있던 후배가, 형수가 디카프리오를 좋아한다구? 결국 선택한 남자가 빚갚으리오군, 유통기한이 한참 지나 치매를 앓고 있는 독거노인이 왜 그려, 입은 닫고 지갑은 열라는 말이 있어, 형 작품 자체가 역적이여, 역적, 허허 어릴 때부터 유모어차를 제법 몰아봤군

택시

 현금 카드가 없어 빵집 포인트 카드를 내민 적이 있다 주인은 몇 번이나 고개를 저었다 공무원이라고 술값에 여관비와 차비까지 부담한 친구는 꾀를 냈다(그는 훈장으로 담임을 맡은 반에 2% 부족한 녀석이 있었다 마침 우리 고장을 빛낸 인물을 공부하고 있는데, 평소 존재도 없던 녀석이 손을 번쩍 들었다 우리 마을에 김자지 생자지 있어요 유명한 김좌진 장군 생가 터가 있는 고등학교는 남녀공학이었다) 아무리 원고료 통장을 따로 가지고 있어도 밑 빠진 독에 물 붓기는 한계가 있었다 연비가 너무 많이 들어갔다 해미는 예쁜 여자 이름 같지만, 이순신 장군이 근무한 곳이며, 천주교 순교 성지로 서산과 홍성 중간에 있다 우유배달하면서 순댓국을 잘 말아주는 허름한 식당이 있다는 것을 알아냈다 소주를 물먹듯 마셔대던 시절이었다 술에 취한 나는 식당 여주인을 쫓아다니고 선비는 정신을 가다듬었다 홍성을 언제 가누, 막차 끊긴지도 한참인데, 택시를 잡았다 이 사람 귀한 분이여, 잘 모셔, 나는 윙크까지 팁으로 주며 뒷문을 호기롭게 닫았다 내가 안 보이는 곳에서 친구는 내렸다 택시는 기동 순찰하는 경찰차였다

스미마셍

 명절 연휴 피하려고 일본 갔다 아이와 아내랑 처음으로 가는 외국여행이다 배 안에서 잠을 자고 이튿날 절을 찾아나서는 코스였다 짐을 보관하려고 숙소에 들렀는데, 넓은 로비에서 젊은 남자가 부러 아내와 부딪쳤다 일본 사람들은 남에게 폐를 안 끼치기로 유명했다 나는 본능으로 이런 가이새끼를 봤나 달려들었다 아픈 뒤부터 사단 병력이 시비를 걸어와도 전혀 겁이 안 난다 배 타고 꽃구경은커녕, 현행범으로 일본 경찰서에 갇히는 신세가 되겠군 왜 그렇게 경찰과 인연이 질기게 이어지는 거냐 아이가 영어로 직원에게 설명하면 직원이 경찰에게 자국말로 얘기해주는 시간은 지루했다 국제변호사와 한꼬구 고우 홈을 외치던 놈이 배를 땅에 깔고 거듭 고개를 조아린다 아침부터 술을 마셨다는 경찰의 전언이다 여우 피하려다 늑대 만난 겪이다 개새끼는 경찰을 의미하는 일본말과 비슷하다는데 등교를 하던 아이가 저기 아빠가 걸려 있네, 의료원 사거리는 차가 많이 다니는 곳이다 흐흐 아빠가 유명(?)하다보니까 플래카드까지 걸려 있구나 가까이 지나가다 보니 유흥주점 똥쌍피 단란주점 신장개업을 알리는 플래카드가 찢겨 펄럭거리고 있었다 찢긴 자리에 점자가 숨어 있었다

오랜만에 책을 내고 기자 간담회를 인사동 식당에서 열었다 한참 점심과 반주로 정신이 없는데, 밖에서 나를 찾는다 이름이 알려지자 여기까지 찾아 왔구나, 사인펜을 챙겼다 연신 고개를 갸웃거리는 장년의 사내 가슴에는 나의 문화유산 답사기를 품고 있었다

젊은 시인

 올 들어 가장 추운 날 저녁, 막노동 형님이 오랜만에 서산에 왔다 방통대 동문들을 만나기 위해 먼 걸음을 한 것이다(그는 나보다 가방끈이 길어졌다) 터미널에 내려 행사장까지 사십여 분을 걸었다 돌아올 때는 후배 얼굴 한번 보려고 형님 생애에 흔치않은 택시를 탔다 이빨 잘 닦고 샤워하는 버릇은 여전하다 그는 내내 시 얘기를 진지하게 했다 남자는 말이여 여자를 잘 만나야 혀 남자들은 백 프로 외모를 보지만, 나는, 여자를 만나면, 그 여자의 말투나 행동, 표현 하나하나, 목소리를 먼저 봐 그 여자와 운우지정을 나눌 사람인지 먼저 파악하는 것이지 여자하고 마라톤을 할 때, 남자는 우선 팝송이나 가요를 상상하는 것이잖아 나는 클래식을 생각해 클래식도 마지막 장에는 높이 올라 가잖남 나는 내려오는 자세를 생각하는 거여 여자와 오래 달리다 보면 리더가 되는 것은 위험해 플레이 메이커가 되는 거여 그네를 같이 타는 자세를 말하는 것이지 내가 무릎을 구부려 밀면, 상대가 고개를 숙여 주는 것, 바람의 말을 듣는 것이지 구름의 속도를 얘기하는 거여 그렇지 않으면 뻣뻣해지고 거칠어져 상대를 배려해 주는 마음이 없으면 말짱 도루묵이지 그렇게 몇 십 년, 밀고 당기다 보면 상대가 서서히 절정에 올라 그럴 때면 얼음처럼 차디찬 물 속에 들어가 견디는 것이지 모든 힘을 세 번째 다리에 모으는 거여 꿈속에 노니는 것 맹키로 부드러워져 그 부드러운 힘으로 다시 사는 것이지 워쩌 자네도 차디찬 얼음 물속에 몸을 한 번 담궈 볼텨? 초저녁 잠 달게 자 볼 거여? 술, 담배 끊고, 걸으면서 시 한 편 생각해볼 겨? 늦둥이 한 번 낳아 볼 겨? 그렇게 몸 한 번 만들어 볼 거여? 코스 요리 맛 한 번 볼 겨? 나는 여러 번 돌았다니께 배관공 형님은 치약처럼 빛났다

팬

  일정한 직업이 없어 충남대표로 뽑혀 오월 문학제에 여러 번 참여했다 무등산관광호텔에서 벌어진 일이다 오랜만에 만난 조태일 시인과 준이 담소를 나누는 순간, 벌 떼처럼 여인들이 몰려들었다 지금보다 훨씬 유명했던 내가 사인펜을 만지작거렸다 드디어 진짜 사람을 알아보는군 그래 멋들어지게 해주마 한 무리의 여인들은 나를 지나쳐 준에게 몰려갔다

  소설을 쓰는 동료는 조대부고를 나왔다 교련복을 입은 그는 총알이 가슴을 지나 친구한테 정통으로 맞는 장면을 지켜보았다 친구는 그 자리에서 죽었고, 동료는 눈물을 훔쳤다 역사에 부끄러운 나는, 그 말을 듣고 속으로 울었다 그 사이 국립으로 승격한 망월동 묘지를 둘러보고 김남주 시인 무덤 앞에 소주를 그득 올리고 절을 했다 제 슬픔에 못 이겨 음복만 수없이 했다

밤이 내리고 음복에 젖은 내게 술집을 경영하는 후배가 연락을 했다 아까부터 팬들이 기다리고 있다는 전갈이었다 나는 비싼 택시를 탔다 사인을 할 수 있는 절호의 기회가 찾아온 것이다 술집에는 덩치들이 빈병을 줄 세우고 있었다 전기, 조적, 철근, 용접이었다 나보다 큰 손들과 악수하며 가느다란 귀를 한탄했다 술값은 낭송비보다 많이 나왔다 서산에서 네 번 갈아탄 차비는 어떡하나, 나머지는 치부책에 올렸다

전설

 선배가 소설을 쓰려고 절에 있을 때 얘기다 선배는 머리카락 숱이 적어 빡빡 밀고 다녔다 막내딸이 응원을 왔다 아이와 함께 식당으로 가 고기와 소주를 시켰다 음식을 가져온 아줌마가 궁시렁거렸다 아무리 세상이 말세라지만 스님이 술과 고기에……, 그것도 모자라 벌건 대낮에 젊은 여자를 끼고 희희덕거리다니

 한 남자가 세상을 바꿔보겠다고 높은 절벽에 굴을 파서 들어갔다 밤을 낮 삼아 가부좌를 틀고 면벽수행을 해도 깨달음은 멀리 있었다 몇 년이 흘렀다 단식을 밥 먹듯 하고 치성을 드렸지만 갈증이 났다 고행을 통해 하느님을 한 번 만나보는 게 소원이었으나 끝까지 가지 못하고 파계를 했다 속세에 나가면 처음 본 여자와 자리라 첫 여자는 거리에서 몸 파는 사람이었다 이튿날 아침, 수도자는 오도송을 크게 읊었다 득음을 했다고, 드디어 하느

님을 만났다고, 하느님은 낮은 곳에 계셨다

 돈 많은 보살이 신심 깊은 젊은 주지한테 딸을 맡겼다 딸은 경전과 함께 무럭무럭 자랐다 시집갈 나이가 되어 집에 내려왔다 물이 오른 딸은 때하나 묻지 않은 처녀였다 후덕한 보살은 화가 났다 피 끓는 스님이 진정한 중은 아니었군 보살은 주지가 마음에 들었나보다 사람을 잘못 본거야 내 딸을 고이 보내다니 늙은 보살은 시주도 끊고 인연도 끊었다 곧 절은 열반에 들었다

 탁발을 돌던 어떤 스님이 목이 말라 물냉면을 시켰다 공부가 깊은 중이었다 길에서 부처가 돼보겠다는 큰 꿈을 꾸었다 주방장은 습관대로 편육과 삶은 달걀을 고명으로 올렸다 아차! 스님은 고기를 안자시지, 어떡할까요? 스님, 보면 몰라, 깔아 이 자슥아

르포

 소설가 K선생은 젊었을 적, 무척 가난했다 이사를 밥 먹듯이 했다 어머니를 모시고 이사한 곳은 도시 변두리였다 한겨울 뼛속까지 추위가 파고들었다 그러나 밤이 오면 방안이 절절 끓었다 기름도 없는 보일러는 가동도 멈춘 지 오래였다 하도 이상해서 주위에 보일러 잘 보는 사람을 불렀다 보일러를 살펴본 친한 교수는 기름이 없는 것 빼고 아무 이상이 없다는 거였다 젊은 어머니는, 아무래도 돌아가신 너희 아버지가 보일러 기름도 못 사는 우리를 가엾게 여겨, 밤에 보일러를 돌리나 보다 얼어 죽지는 않을 팔잔가 보다 나중에 안 일이지만, 이사한 곳은 아버지가 학살당해 묻힌 골령골이었다 아버지는 박헌영 비선으로 좌익 활동을 하였다 한국전쟁 때, 예비검속 되어 대전 교도소에 갇힌 신세였다

 K선생이 소설을 쓰려고 강원도에 토굴을 파고

살 때였다 조그마한 돌부처를 모시고 혼신의 기력을 쏟아 소설을 거의 완성하기에 이르렀다 어떤 날 밤에, 토굴에 기습폭우가 내려 모든 것이 떠내려갔다 알다시피 K선생은 기계치다 글도 만년필로 원고지에다 쓴다 토굴은 도랑 옆에 있었다 원고는 떠내려가 찾을 수도 없는데, 그 순간에도 담배와 부싯돌은 건졌나보다 어떤 일이 있어도 담배는 피워야지 눈물 많은 선생이 모처럼 웃었다

외상

 바다가 없는 고장에서 일어난 옛날 이야기다 이 하리에 갔다 고래등같은 기와집이 무너져 가고 있었다 잊을 만하면 밤기차가 지나갔다 시인 A가 집을 빌려 쓰고, 소설가 L이 서울에서 내려와 소설을 쓰려던 참이었다 L을 따르던 K와 S가 먼저와 마시고 있었다 시인 P와 내가 합세해 마당이 넓어졌다 몇 박, 며칠을 마셨나, 가끔 A가 아궁이에 불을 지폈다 그날은 멀리 떨어진 전통주막에서 낮술을 마셨다 화가 B와 C가 술맛을 돋구었다 해가 설핏 기울자 A의 기와집에 기어 들어왔다 마을 입구는 꼬부랑길이었다 우리는 사이좋게 두 차에 나눠 타고 논바닥으로 골인했다 S자로 휘어진 시골길을 직진한 것이다 살얼음 깔린 논바닥에서 다치지 않고 걸어 나왔다 물에 빠진 생쥐 꼴이었다 논둑이 높았다 거꾸로 뒤집힌 차 한 대는 폐차, 하나는 새 차였는데, 견적이 육백만원 넘게 나왔다 A는 냄새를 맡은 교통경찰을 돌려 세우느라 애를 먹었다 살아남은

우리는 히히덕거리며 겨울밤을 소주로 지새웠다

　초등학생인 딸아이가 방학 숙제를 받았다 두루미를 관찰하고 글을 써내는 것이다 우리 부부는 철원을 향했다 잠자리를 정하고 삼겹살을 먹으러 두리번거렸다 과문불입이라, 여기는 K의 고향인데, K가 알면 어떡하지? 걱정도 팔자여, 그때, 꿈결처럼 내 이름을 부르며 K가 나를 얼싸안았다 K는 그 동네 신문사 부사장으로 재직하고 있었다 K는 지체 없이 S를 불렀다 S는 늦게 데뷔를 했다 훈장인 S는 무조건 택시를 탔다 택시비가 무려 18만원 나왔다 S는 물론 택시비가 없었다 기사에게 사정을 말했다 운전사는 말없이 고개를 끄덕이며 되돌아갔다 나는 아이와 아내를 숙소에 두고 K집에서 S와 밤새 들이부었다 S는 서울로 가고 나는 K를 앞세워 두루미와 노동당사와 비무장지대와 끊긴 철도를 둘러보았다 생각 같아선 김정일을 만나고 싶

었다 철원은 이 갈리게 추웠다 K의 신분증은 무사 통과였다

일류시인

 시를 붓으로 쓰는 H와 D를 만났다 D가 혼자 펴내는 잡지에 H 붓글씨가 40편 실렸다 어린아이들과 잘 노는, 교장 아들인, 나 하나의 사랑은 가고를 작곡한 백이 동참해 술을 마셨다 밤늦게 D가 운영하는 작업실에 도착했다 작업실은 고층에 있었다 사람과 자동차가 장난감으로 보였다 길과 강이 모형 같았다 D는 새벽에 집으로 돌아가고 아침에 일어난 우리들은 해장을 서둘렀다 백 신발 한 짝이 안 보인다 술에 취한 D가 신고 간 게 틀림없었다 할 수없이 백은 한쪽에 구두를, 한쪽에는 목욕탕 슬리퍼를 신고 방송국 앞 복탕집에 들렀다 이른 점심을 먹은 앵커 C가 우리 일행을 보고 어이, 삼류시인(D는 2002년 한일월드컵 중계가 끝나고 화면 가득 엔딩 크레딧이 올라갈 때, 시를 쓴 적이 있다) 잘 있었나, 인사를 했다 같이 복탕을 먹던 나와 H는 졸지에 삼류시인이 되어 땀을 닦았다 누가 봐도 이류시인은 되는데, 도매로 넘어갔다 D는 육 개월 음주하고, 육 개월은 참는, 토하기로 유명한 시인이었다 그가 술을 마시면 반경 몇 미터는 초토화시키고도 남았다 B를 놀리는 말 중에 상류시인이 있다 별칭 버들치 시인에서 온 말이다 B는 남을 배려(너무 남을 배려하느라 인생을 배렸다)해서 상류시인을 삼류시인이라 알아듣는다 일류시인은 누구인가

머슴

 못 생겨도 맛은 좋아유* 입으로다가 삼동네 소문이 짜하게 퍼졌슈 믿고 써봐유 한 번 맛 보면 공짜로 써비스 몇 번이고 된당개 그 문제는 안심해도 되유 밤이면 밤마다 잠 안 재울 자신 있구만유 새끼꼬느라 밤을 꼴딱 세울 수도 있슈 가마니나 꼴망태 다 짜지유 어지간한 물건은 짚으로 다 만들어유 동네 제사 꾀고 있슈 단자 갔다오면 막걸리도 잘 들이키지유 곰방대나 지게 작대기 두들기다보면 한세월 금방 가시유 새경유? 삼시 세 끼 밥이나 먹여주유 겉보리 서 말만 주시던지 머리에 든 것은 없지만 몸은 튼튼해유 가시쟁이 둔덕 큰 돌 골라내구 웃거름 밑거름 많이 낼께유 똥장군, 오줌장군부터 시작해 바작이 빵구날 정도로 짊어질 꺼구만유 풀 짐이나 나무 해 나르는 것은 일두 아니유 어깨 하나는 타고 났쥬 비탈진 밭갈이유 돌도 오줌을 싸야 밭이 잘 되는 법인디 하여튼지간에 짐승 키우는 일이나 쟁기질, 써래질은 일 축에도 못 끼유 바심할 적에 새참이나 잘 챙겨줘유 마님, 장작 더 넣을깝쇼 날이 차서 그래유 아들 못 낳는다고 칠성암 홀라갈 필요 없슈 그 딴 일에 치성드리다니 시절이 아까워유 나이 차면 장가나 착실허게 보내주던가 원하신다면 당달 봉사 삼 년, 벙어리 삼 년, 귀머거리 삼 년, 문제될 거 없슈 워쳐게 한 번 써 보실 테유

* 옛날 광고 카피

농담

 오랜만에 국수 먹으러 왔슈 방석 유? 안 깔아유 지 삶이 가시 방석이었슈 돈 유? 돈 때문에 머리가 돌아버리게 생겼슈 뭐니 뭐니 해두 머니가 최고라는 노래도 있지먼유, 돈이 주인 잘못 만나 저 고생하구 있쥬 시절 한 번 피워 볼까유 어차피 대출인생 뭐 볼 것 있나유 요즘은 심사가 까다로와 대출도 어려워유 우리 집 텃밭 가면유 땅 속에 엄청 숨어 있슈 오미자 밭은 물론이지유 김치통은 댈 것두 없슈 월마나 많냐면 현찰 오 만원 짜리루 거름을 쓰쥬 안개가 찌거나 비가 오면 영락없슈 썩어 나자 빠져서 거름으로 쓸 수밖에 없슈 곁불 쬘 필요 없다니께 지폐루다가 장작으로 쓰고 있슈 그나저나 밭가에 풀 좀 매라구유 풀이 아자씨 아자씨 한다구유 그냥 냅더유 그것들도 산다는 목숨인디 어쩌것슈 밭 안 맨 지 오래 되었슈 지 짧은 인생 돌아보면 가시 밭길이었쥬 뭐라구유? 잘 안 들려유 머리카락이 반은 넘게 허옇구 가는귀가 먹어서리 퇴거가 안

돼 있어 동네 사람이 아니라구유 현행범으루다가 체포한다구유 잡아갈 테면 잡아가슈 나라에서 공짜밥 멕여 준다는디 감사헐 따름이쥬 그렇게 마을 부역에 부려 먹을 때는 언제구 지금은 약발이 떨어졌나유 쓰면 뱉구 달면 삼키나유 사람 나고 돈 낳다구유? 천만의 말씀, 만만의 콩떡이구만유 돈 나구 사람 낳슈 세상인심이 다 그런 거쥬 근디 다스는 누구 꺼유? 원제 장비 불러 마늘밭 한 번 까뒤집어 볼까유

감시자

 한 겨울이었다 밤새 푸고 집에 가려고 직행버스를 기다렸다 해장 대신 식혜나 마시자, 판매기에서 깡통을 꺼내다 웬 남자가 일거수일투족을 기록하는 걸 느꼈다 가죽잠바에 까만 바지, 정장 구두 차림이었다 한눈에 봐도 재수 없는 짭새였다 아침부터 왜 사람을 째려 봐, 원숭이 구경 처음 해 보느냐구, 나는 왈칵 짜증이 일어 숫제 반말이었다 역시 눈은 못 속여 나 김부장이여, 그는 한반도가 가장 더웠을 때, 몰래 목욕까지 시켜준 교도관이었다 범털이 모인, 폭력 방(모포를 6단으로 베고 누워 있던 조폭 두목은 체육교육학과를 졸업했다 이름만 대면 아는 시인한테 교양과정을 배웠나 보다 선배라고 얘기했더니 금방 대우가 달라졌다 그는 사람을 잔혹하게 죽이고 들어왔는데 항소이유서를 써달라고 애원했다 집행유예로 안 나왔으면 꼼짝없이 썼을 것이다)에서 생활할 때였다 밤새 근무를 서고 퇴근 길이었다 나는 마시려던 깡통을 건넸다

問喪

　Y는 부인과 자주 다퉜다 싸우고는 자기 성질을 못 이겨 며칠 피신을 했는데, 이번에는 대구 제자에게 간다는 것이다 터미널 근처에서 설렁탕을 사주었다 표를 끊었다 어이, 목수, 부탁이 있는데, 포도맛 사탕 한 봉지와 콜라 큰 병이 필요해(왜 단 것만 먹지?) 나는 군말 없이 비닐봉지에 넣었다 평소 알사탕을 좋아하고 페트병은 버스 안에서 오줌 눌 때 꼭 필요 하단다 천재도 별 수 없군 하긴, 많이 배울수록 잘 휘어지는 법이지 나는 병 입구 사이즈와 발등과 무릎을 적시고도 남을 물건 각도를 떠올렸다

　꽃피는 봄날, Y가 밥을 먹자하여 S선생과 K와 함께 유명 한식집에 들렀다 우리는 곱돌 정식을 시켰다 그 자리에서 Y의 말이 시작되었다 북극과 남극의 얼음이 녹고 적도에 눈이 내렸다 사막에 비가 오셨다 증산과 수운, 해월이 춤추고 여성성과 율려

가 노래를 불렀다 밥이 탔다 가만 듣기만 하던 S선생이 형님! 밥 먹고 합시다 추임새를 넣자, S야, 형이 말하는데 밥이 넘어 가냐, Y는 밥알을 튀겼다 거품을 물었다 아니, 그러면 왜 밥 먹자고 한 거여, 나중에 Y는 S선생께 사과했다 밥은 모래알이었고 말씀은 파도가 되어 몰려왔다 그날은 Y친구 최*림 시인이 돌아가신 날이었다 Y는 우체국에 들러 조전을 부쳤다

詩聖

 여기까지 왔으니 이름은 지어야지 친구는 비닐 장판이 깔린 냄새나는 당직실에서 천하를 주유했다 밤엔 후레쉬를 들고 함께 순찰을 돌았다 시인이 낮은 음성으로 江碧鳥愈白 山靑花欲然하며 杜甫의 작품을 읊조리자 고물 자동차를 끌고 어디론가 사라진 소설가는 양 손 가득 술을 들고 왔다 휘돌아 흐르는 푸른 강이 보이고 기러기와 절벽은 찾을 수 없었지만, 어디선가 분명 붉은 꽃이 피어나고 흰 새가 날고 있을 것이다 우리가 서 있는 둔덕에는 느티나무가 일곱 그루 있었는데, 가지에는 술병을 딸 수 있는 오프너가 고무줄에 매달려 졸고, 배가 나온, 수염이 성성한 노인이 거문고를 타고 있었다

도원결의

 손이 두 개라 겸손이라 했다는데, 기골이 장대한 놈과 시금치를 별로 안 먹고도 알통 굵은 놈이 바닷가 운동장에 담배 피러 나왔다 두 놈은 운동을 오래했다 한 대 시원스레 빨고 오줌을 싸더니 팔씨름을 했다 장대한 놈이 졌다 팔씨름은 팔 길이가 짧은 사람이 유리하다 뽀빠이 별명을 가진 친구는 웃으면서 몇 잔 더했다 술자리에 끼었던 현덕과 농사꾼은 코를 골며 잠이 들고, 집 바깥에는 복숭아꽃이 피기 시작했다 관운장 닮은 친구는 해우소 다녀온 뒤, 닦지 않은 사람처럼 불편해했다 더 마시다가 씨름 선수를 운동장으로 불러냈다 뽀빠이는 불안했다 아까 감정이 남아 있어 이놈이 나를 때리면 어떡하지 궁리를 하고 있는데 기골이 한마디 했다 거기 누워 곱슬머리는 시멘트 의자에 누웠다 우리 해보자 남자끼리 뭘 해보자는겨 브로큰 백 마운틴을 찍자는 거여 뭐여 알통 굵은 놈은 다시라는 말을 못 들었다 팔씨름을 다시 했다 두 판 모두

결과는 똑같았다 키 큰 놈이 작은 놈에게 속삭였다
소문 내지 말어! 밭 고개 마을은 해무가 짙어졌고
멀리서 파도 소리가 들려왔다

  사족; 세월이 흐른 뒤, 두 놈이 술 마시다가 관우
가 장비에게 우리 정식으로 한 번 해보자고 말했다
익덕은 조용히 술잔을 뒤집었다 나는 손해나는 장
사는 안 혀, 가만 있으면 승리자로 남는 디 왜 또
햐, 약 먹었어?

| 제3부 |

물의 뿌리

주막에서 어떤 주정뱅이가 막걸리를 먹고
오줌을 누다 발견했다
오줌줄기 하나는 북쪽으로 또 다른 줄기는 남쪽
으로 흘렀다

북쪽으로 흐른 줄기는 금강이
남쪽으로 흐른 줄기는 섬진강이 되었다

숱하게 수분리 주막에 들락거렸다
교감선생이 알코올 중독이었다
수업하기 전에 소주 한 병에 달걀노른자 토옥!
덕분에 반장은 공부를 하지 못했다

강태등골을 지나 어엿한 금강으로 흐르기까지
수분리는 옛날부터 물 뿌렝이 마을이었다
땟국 꼬질꼬질해지면 찬물에 돌로 손발을 문지
르던 냇가

지금은 금강 물 체험장으로 변한 학교 앞으로 뜬
봉샘에서 발원한
얼음처럼 차가운 물은 여전히 흘러가고
나무들은 푸르게 자라고

땅과 하늘과 물은 사람과 한 뿌렝이

강이 화살촉이 된다
화살을 그리며 바다에 이른다

확성기

침을 흘리며 꾼
짧은 낮잠은 악몽이었다
화창한 오후, 나른한 적막을 깨고
헬기에서 기총소사가 쏟아졌는데
재향 군인회도 아니고
자유총연맹도 아니고
고엽제 전우회도 아니고 이북 5도청도 아닌
무슨 무슨 반공 호국 웅변대회도 아닌
1톤 트럭에서 나온 총소리였는데
바람도 자고가고 구름도 쉬어가는
추풍령 양계장에서 값싸고 싱싱한 계란이 왔어요
계란, 드려가세요 계란!

앵무새처럼 똑같은 말을 반복하는 신문을 끊었다
방송은 텔레비전이 없어 못 본다

형제가 싸우는데 감옥에 누워 있는 여자는 스피

커를 튼다
 돈을 신으로 모시는 쥐는 동부구치소로 갔다
 화해보다 일장기, 성조기를 먼저 든다
 햇빛보다 두꺼운 외투가 더 강하다고 깃을 오므린다

 말은 바람에 섞여, 구름에 섞여
 강을 넘나든다 안개가 점령하는 낮에도
 별이 뜨는 밤에도 쉬지 않는다
 때로 노래도 틀어준다

 마을 회관에서 이장이 방송을 한다
 고추 널어놓은 것, 나락 말리려고 길 위에 펴놓은 것, 조심하라고
 가을 도둑 때문에 일 년 농사 망친다는 말씀을 한다
 내년에는 cctv 달아야겠다며 호소를 한다

적은 내부에 있구나
도둑은 안에 있구나

개 삽니다
흑염소 삽니다
철망이 따로 없구나
소리가 너무 커서 고막이 찢어졌다
정화조 먼저 치워야겠다

스피커

회관에 와서 밥 묵어
혼자 끓여 먹으려면 얼마나 어설프당가
그리고 자네 이참에 노인회 가입하게
준회원으로 받아줄 팅게
머리카락을 보면 정회원 하고도 남겄어
나이 들면 약봉다리만 쌓이능겨
글씨를 잘 쓰려면 여자관계가 복잡하다는 걸 알고도 남제
여자 친구 평균나이가 야든 둘이라는 사실도 일구
허, 이 사람 큰일 나건네
나는 말이여 이 나이 먹도록 슨거에서 1번만 찍은 사람이여
내 사전에는 1번만 있어
봐봐 평생 여자사람도 조강지처 마누라밖에 몰러
엊그제 처음으로 고새완과 읍내 다방에서 쌍화차를 시켰다네
이날 이때껏 코피밖엔 난 몰러

그런 사람이 어떻게 놉*을 얻겠어

공은 닦은 데로 가구 죄는 지은 데로 간다는 말이 있어

자네 저번에 어디 갔다왔능가

면사무소에 올리는 동향파악보고라는 게 있어서리

등단은 했능가

뻘겋게 물든 시인 되지 말고

나눠준 국기 대문간에 얌전히 달아

마을 발전기금 낸 일은 고마우이

빨갱이 소리 듣지 말고 정직한 사람 되랑께

아무리 군불을 때도 한 데인 사람이 있능겨

동네가 자랑하는 글씨 쓰는 사람으로 커 나가야지

그때 나한테도 작품 하나 주소 거실에 붙여놓게

진실한 사람 한 번 되야서 마을 발전에 앞장서 보랑께

* 놉: 보통 품앗이나 일당을 주는 일꾼을 뜻하는 말로, 여기서는 돈으로 여자를 사는 것을 말한다.

이중성

조그만 텃밭
과일과 채소, 나무에게 물을 안 준다

부모를 갉아먹고(지가 무슨 사마귀라고)
형제간 절연을 하고
자식하고 인연 또한 틀어졌다
오랜 친구와는 소식을 끊었다
눈먼 말을 잊고 산다

돈? 마이너스 대출 인생이다
여자문제? 옛날에는 복잡했으나 지금은 단순하다
권력? 없다
명예? 글 쓰는 사람으로 족하다

폭염 속에서 풀 약을 치고
(벌레는 물론 땅 밑 지렁이까지 죽잖아)
에어컨은 필요악이야 없어도 살만해

죽부인 대신 선풍기를 끼고 여름을 난다
복더위에는 샛서방도 호랑이보다 무서운 법이여
감자와 옥수수로 연명을 하면서도
물을 주지 않았다
(링거를 맞는 환자를 떠올려 봐)

여기가 사막이야?
혼자 살면 편해?
가뭄 속 타들어가는 마음은 어때?
태평농법이 그렇게 좋다고 자랑하더니
다 말라 죽었잖아
어떡할래?

독자 놈들 길들이기

취침점호
번호
열중 쉬어
차렷
열차, 열차, 열차……,
복창해
여기가 사회인줄 알아
오늘 밤, 양말, 팬티 없어진 것만큼 훔쳐와
알았어?
완전군장
연병장 돌아
PT체조 시작
선착순
어쭈
눈 똑바로 뜨고 쳐다 봐
깔아 씹새야
좌로 굴러

우로 굴러

자동

박아

어쭈구리

누구 맘대로 엎어져

한강 철교 실시

빤바라 이 씹탱이들아

이따 밤에 보자

한 따가리 더해야 오늘이 가지

눈이 내리네

눈이 내리네
살바토레 아다모가 절규한다
돈 벌어다 나 줘
집 팔아서 나 줘
땅 팔아서 나 줘
사채 찍어 나 줘
적금 빼서 나 줘
차 맡기고 돈 줘
보험 해약해서 나 줘
보이스피싱해서 외국으로 튀어도 좋아
사기를 쳐서라도 돈 벌어 나 줘
감옥에서 썩는 건 학교 간다 생각해
돈이라면 맞아도 상관없어
돈이 된다면 무릎 꿇고 가랑이 사이를 기어갈게
돈이라면 부모형제 죽여도 돼
돈이라면 가래침이라도 핥아먹을게
돈이라면 똥구멍이라도 빨아줄게

죽어도 관에 돈이 들어 있으면 행복해
돈 때문에 여기저기서 영혼을 파네
나도 예외는 아니네
아다모가 노래한다
눈이 내리네
하염없이 내리네
대한민국이 덮여 쌓이네
대한민국이 가라앉네
라라, 라라라, 라라, 라라
음음, 음음음, 음음, 음음
우우, 우우우, 우우, 우우

쥐젖

쥐는 다산을 상징한다
6, 70년대에는 간첩을 색출하듯 쥐를 잡자! 였다
나는 학교에 쥐꼬리를 들고 가기도 했다
타작을 하기 위해서 마당에 쌓아놓은 나락널을 헐어내면
아직 눈도 못 뜬 핏덩이들이 곰실곰실 엄마젖을 찾아
몰려드는 것을 본 적이 있다
쥐라는 별명을 가진 자가 감옥에 갇히고
무수한 새끼들은 눈을 반짝이며 어둠 속에 숨어들었다
건강에 좋지 않다는 기호품을 찾아 먹어서인지
목울대에 쥐젖이 생겼다
작은 부끄러움에도 얼굴이 빨개지면서 구멍을 찾기 바빴다
사람은 굶어도 쥐는 살이 쪘다
훈장처럼 주렁주렁 쥐젖을 달기 민망하여

사과식초를 솜에 적셔 목에 두르자 신기하게도 쥐젖이 사라졌다
쥐젖은 쥐약보다 독한 식초를 견디지 못한 것이다
감옥에 간 쥐도 식초를 싫어할까
(군 테니스장을 통째로 사용할 정도로 건강을 과시하더니 구치소에 들어간 즉시 대학병원에 입원했다)
국민들께 사과를 안 한 거 보니 뻔하다
젖과 꿀이 흐르는 땅을 너무 사랑한 결과다
백성들은 가난해도 아랑곳하지 않고 돈을 너무 밝힌 결과다
고소영, 강부자, 사자방을 너무 아낀 결과다
평소 녹조 라떼를 즐겨 드시며 로봇 물고기를 워낙 좋아해 생긴 일이다
올 봄, 뱀이 굵게 생겼다
사과꽃은 농약과 거름과 함께 쑥쑥 피어 올라오고
동네 어른들은 꽃을 따러 나무에 오를 것이다

쥐약을 놓아 일시에 쥐를 잡자!
쥐 없는 명랑한 사회를 건설하자!

표어보다 먼저 노오란 달걀 꽃이 피었다
사람 쥐에게는 무엇이 약일까

개그 콘서트

늬들이
가스통 바슐라르를 배울 때
20킬로 가스통을 둘러업고 계단을 올랐다
가스통보다 무거운 산소통을 들고 뛰었다

늬들이
자끄 데리다를 배울 때
자끄(지퍼) 달린 바지를 데렸다
자끄 달린 잠바를 데렸다

늬들이
뤼시앙 골드만을 배울 때
14K나 18K백금을 모루에 올려놓고 세공을 했다
가지나 잎사귀를 만들었다
팔찌나 귀걸이, 반지를 만들었다
깎고 조이고 양초를 발라서 철사를 빼냈다
죽어도 녹슬지 않는 풀과 꽃을 만들었다

공장에 불을 켜고 밤을 새웠다

늬들이
자끄 라깡을 읽을 때
나는 노깡을 묻었다
물이 나올 때까지 흙을 파냈다
그렇게 물의 뿌리를 캐냈다
두레박에 떠서 올린 우물물은 차고 달았다

너희들이 E. H. 카를 읽을 때
나는 세차장에서 차를 닦았다
거품을 내고 고압 물을 뿌렸다
인생 자체가 거품이란 걸 그때 깨달았다

너희들이 미셸 푸코를 읽을 때
나는 염산과 질산, 도가니와 씨름하며
코를 풀었다

콧물 색깔은 검고 푸르렀다

늬들이
칼 포퍼를 공부할 때
나는 일곱 개나 되는 칼을 갈았다
어두운 주방에서 두 개의 숫돌을 번갈아 쓰며 칼을 갈았다
이를 갈며 인생을 저주했다

늬들이
에마뉴엘 레비나스를 공부할 때
나는 니스칠을 했다
외줄 하나에 목숨을 걸며 페인트칠을 했다
하늘을 쳐다볼 여유가 없었다

너희들이 울리히 벡을 공부할 때
나는 하루 2교대에 시달리면서 백을 만들었다

미싱 앞에서 자주 졸았다
가끔은 살을 꿰맸다

너희들이 칼 융을 공부할 때
나는 구두코를 융으로 광을 냈다
찍새가 되어 빌딩을 날아 다녔다
딱새가 되어 둥우리에 남아 구두를 닦았다
반짝이는 너희들 삶을 위해
손톱에 새까맣게 구두약이 끼는 줄도 모르고 닦
았다

내가 가장 젊었을 때

내가 가장 젊었을 때
   공장에 다녔으며
   식당 주방 일을 했으며
   빵공장에서 생과자부 도넛츠부 빵부로 돌아다녔으며
   짐발이 자전거로 밀가루를 날랐다

내가 가장 젊었을 때
   빈병을 골라 쌓았다
   표시 안 나게 훔쳤다
   조수로 따라 다녔으며
   밤새 사탕을 만들었다
   현장에서 페인트칠을 했다

내가 가장 젊었을 때
   구두를 닦았으며
   신문배달을 했으며

생선을 납품했다
우유를 배달했다

내가 가장 젊었을 때
군대에 끌려갔으며
영창에 갇혔으며
감옥에 갔다

내가 가장 젊었을 때
무학으로 노가다를 했으며
시를 배웠으며 결혼도 했다
아이를 낳았다

내가 가장 젊었을 때
10 · 26, 12 · 12, 6 · 10이 일어났고
부마항쟁이 일어났고
광주 민주화운동이 일어났고

내가 늙었을 때
　　세월호 참사가 일어났다
　　노무현, 김대중 대통령이 죽었다

내가 가장 젊었을 때
　　비겁했으며
　　비루했으며
　　치욕스러웠고
　　영혼을 팔았으며
　　나는 없었다

아재개그

 생긴 건 시인처럼 안 생겼는디 원제 글을 쓴대유
 내가 글을 쓴 적 있간
 자정을 알리는 불알시계 종이 울리면
 벽장 속 허연 소복을 입은 츠녀가 스르륵 나오는디
 츠녀가 말하는 대로 받어 적기만 허면 된당개
 가관이여
 머리카락은 산발을 허고 워쩔 때는 머시냐 은장도를 물었나
 피가 옷을 타고 흐르기도 한당개
 발은 안 보여 그림자두 없구 근디 목소리 하나는 끝내줘
 서방님 엊그제는 샤워 하고 나오니께 마냥 코를 골고 주무시대유
 오늘밤도 뭐시기 허면 그냥 짤라버릴 거여유
 새벽잠 없어지구 초저녁잠은 참 달어 아까츰부터 졸리는디 큰일 났구면
 탄저가 왔나 보건소 약을 복용해야 되나 사내끼

를 꽈야 되나

(탄저가 오지 않게 하려면 사나흘에 한번 꼴로 약을 독하게 쳐주어야 했는디)

야관문, 복분자, 삼지구엽초, 음양곽 술을 장기적으로다가 마셔야 허나

장어는 굽구, 양파는 즙 내구, 마늘은……. 왜 녹용, 산삼은 안 나오능규 그만 허유 벌써 말로는 파김치 되구 남았슈

남사스럽게 기구를 찰 인생도 못되구 말이여

오줌발로 무릎 적신 지 오래 되었는디

안에서 해 봤어 나는 바깥에 나가야 해를 봐

그나저나 왜 얼굴을 안 보여주는 거여

얼굴 보여주면 구신 노릇 탈나남

밤에 자네허구 동거 헌 지도 꽤 됐는디 말이여

히히, 부끄러운 고백인디, 강남에서 허긴 했슈

싼 맛에 야매로 허는 바람에…… 그만 부작용이……

나도 한마디 헐까

원래는 말이여 시도 안 썼는디 흐흐, 마취에서 깨어 낭께

before 고릴라

after 정우성

이렇게 돼야 부렀어

하느님

술과 담배를 좋아했다

풍물은 귀신같았다

평생을 가난한 사람들과 웃고 울었다

말년에는 시골로 내려가 농사를 지었다

고무신과 츄리닝, 책 몇 권
허름한 방 한 칸이 재산의 전부였다

쥐약을
치약으로

진정한 아버지
신부, 정 일 우

준공 검사

집은 사고 논은 쳐야 제 맛이라는 옛말도 있지만

남들은 너무 작아
까대기 지었다고 웃는데

군청 민원실에 들렀더니
그것도 공무원이라고 고함부터 친다
(누가 누구에게 고함을 치는 것이냐)

항상 사는 사람보다 들어온 사람이 골치라면서
모욕을 준다
(누가 누구에게 모욕을 주는 것이냐)

면서기라도 하라던 육촌형님,
(면서기는 아무나 하냐)
가신 지 오래인데

큰 소리 친다
욕부터 한다

36계

 A와 L는 동향에다 친구사이다 그들이 포장마차에서 술을 마시고 있을 때, 동네 조폭들 대여섯 명이 합석을 해 떠들고 있었다 A의 이마에 갈매기가 날았다 좀 조용히 해달라는 배가 유조선처럼 커졌다 급기야 A가 조폭무리들에게 됐냐하고 기름을 부었다 조폭들은 당연히 됐다고 불을 붙여왔다 A와 L은 시인치고 덩치가 엄장했고, A의 자신만만함 속에 남들이 모를 내공이 있는 줄 알았다 L은 싸움을 해 본 경험이 없고(공부만 했음) 수적으로 불리했지만 A는 너무 태연했고 당당했다 A는, 검은 정장들과 포장마차를 나오자마자 담을 뛰어넘어 총알같이 줄행랑을 놓았다 애꿎은 L만 잡혀서 엉망으로 터졌다 억울한 L이 다음에 만난 A에게 그렇게 빨리 도망칠 줄 몰랐다고 하소연하자 무기를 찾으러 갔다고 둘러댔다 지금 만나보아도 고운 심성과 달리 L은, 얼굴 전체가 흉기다 L은 할 말을 잃었다 시인이자 교수인 L은 어디 가서 잃어버린 말을 찾아오나

천사

 선원증도 가지고 있는, 배를 타는 게 소원인, 노가다 H가 바닷가에 살적에 술친구를 하나 사귀었다 세상에 둘도 없는 착한 거지였다 딱 천원만 원했다 지가 무슨 천상병이라고 품이 넓은 사람이 소주나 막걸리를 사먹으라고 이천 원을 주면 천원을 거슬러 주었다 술이 취하면 거리에서 잠이 들었다 친구는 H에게 고백했다 드디어 여자가 생겼노라고, 천사처럼 미인이라고, 수줍게 말했다 천사는 사귀자는 노숙자에게 지금은 여고생 신분이니, 대학생 되면 당신의 여자가 되어주겠다고 약속 했단다 H는 궁금했다 착하고 모자란 저 남자에게 여자가 생기다니, 꼭 한 번 보고 싶었다 평소처럼 술을 사주고, 자다 깨다, 졸다 깨다, 사거리는 차가 많이 다녔다 드디어 하룻밤 꼴딱 새고 뭇 사람들이 출근하는 시간이었다 친구는 조심스럽게 학교 가는 여자를 보여주었다 천사는 H의 여동생이었다

약속

 문학과 삶을 대하는 태도가 아름다운 선배 시인이 있다 관 값만 남기고 나머지는 전부 기부하는 넓은 가슴을 가지고 있다 그에게는 재산을 가지고 있는 자체가 죄업을 쌓는 일등 공신인데, 아버지가 일찍 돌아가셨다 숨이 멎기 직전, 아내에게 자식들 속 썩이지 말고 3년만 살고 따라오라고 유언을 했다 3년은 좀 서운하고 5년, 아니, 10년은 살다 셋째 장가드는 모습 보고 당신 옆으로 갈게요 어머니는 선배의 옆구리를 찔렀다 강산이 두어 번 바뀌어서 늙은 어머니는 인지장애로 요양병원에 입원하게 되었다 열 손가락 깨물어서 안 아픈 손가락이 있겠는가 어머니는 딸들보다 혼자 사는 아들이 마음에 걸렸다 선배는 침대 머리맡에서 어머니를 보고 그때 한 약속은 지키셔야죠 욕도 못하는 사람이 천륜을 어긴 모진 말을 내뱉었다 아버지 돌아가시고 30년 넘게 살아 있던 어머니가 드디어 온 곳으로 되돌아갔다 어머니를 꼭 **빼닮은** 선배는 이순을 훨씬 넘기도록 약속을 못 지켰다

| 제4부 |

여름

-할매 아침 일찍 어디 다녀오셔요?

-호맹이 샀어, 호맹이, 어떤 호랭이 물어갈 종자가 하우스 앞에 놔둔 호맹이를 들고 가부렀서

-요즘 시상에도 그런 사람이 있나요?

-글매 말이시

-요 꽈자는 누구 줄라고?

-손주, 손주 줄라고

-할배는요?

-깨 팔러 갔는지 콩 팔러 갔는지 아적 안 옹마

-언제 가셨는디요?

-벌써 갔어, 무심한 양반이지, 한번 간 뒤로 통 연락이 없능 거 보니 거그가 좋은 모냥이여

-거그서 작은 마누라 만나 약주 잡수고 계실지도 모르잖아요?

-허긴, 나 기다리다 지칠 때도 되였구먼 그려, 한두 잔 더 받아 먹음시롱 지달리면 나가 금방 갈 거인디…… 쯔쯧

자갈 도너츠

창길이네 가지와 호박을 따서
공판장에 보내려고 탑차를 기다리는데

아스팔트에 철퍼덕 앉은 녀석이
경운기에 걸터앉은 내게
길 가생이 자갈을 구슬치기하듯 던진다

— 야, 아, 해봐라
— 튀겨서 달란 말이여
— 자석아, 튀기면 야물어진단 말이다 생 걸로 묵어야 보들보들허지
— 아녀, 생 걸로 묵으면 배탈 나 튀기든지 삶든지 무쳐 달란 게
— 잡것이 배야지가 불렀구먼 주는 대로 처 묵을 것이지

가지는 창길이 자지 닮았고

풋호박은 황소 불알만하다

쉰아홉 살, 창길이는
40년 전이나 지금이나 변한 게 없다

트럭은 오지 않고 팔월 햇살에 19번 국도가
다글다글 끓어오른다

밤 가시 국시

날이 추워지자
호박도 떨어지고 가지도 더디게 자란다

영식이 각시가
밭 가생이 치다가 거치적거린다고
풋밤 가지를 꺾어 왔다

속은 이미 익었다
밤톨을 벗겨 먹던 영식이가
껍질을 내게 던진다

— 아, 해봐
— 싫어, 비벼 달란 개
— 야, 임마, 밤 가시 국시는 비빔보다는 물 국시가 솔찮이 먹기 좋단 말이여 후루룩 마셔 보랑개 청양고치 좀 썰어넣고……,

도야지

추분 지나
상강을 바라보는데

정근이가 하우스 비닐을 씌운다

— 머덜라고?
— 으응, 뭐 좀 들여놔 볼려고……
— 뭘?
— 너
— 왜?
— 쬐께 키워서 팔아먹으면 돈이 좀 될라나
— 이, 씨……, 나, 다 컸단 말이여
— 아녀, 쬐께 더 커야 된당 개
오늘처럼 하우스 지을 때는 귀도 잡아야 허구
경노당에도 대신 보내구
 명년 화전놀이 갈 때 잡아서 동네잔치도 해야 되구

파리찜

된장 얻으러 명철이네 집에 갔다

명철이 각시가 옥수수를 쪄왔다

사람보다 파리가 더 빠르게 먹는다

맨손으로 파리를 두 마리나 잡은 명철이,

— 입 벌려봐라

나는 40년 전 코찔찔이가 되어
입을 벌린다

파리 대신, 뭉게구름이 한 입 가득 들어온다

구수하다

손

한 해 꿀어서
선배이자 친구인 기동이가 가끔 올라와
달게 소주를 마신다
입술이 먼저 술을 마중 나간다
뼈 녹을까봐 담배는 끊었다
그의 눈에는 텃밭에 심은 채소가
길가의 나무가 마음에 들지 않는다
왜 거름을 안 준디야
풀 뽑기 귀찮으면 비닐을 씌워야 허는디
저 매실나무는 가지를 쳐야, 복숭나무는 저렇게 두면 안 되는디
그는 베테랑 농사꾼이다
왼 종일 사과꽃을 솎아내느라 손톱이 짓무르고
손가락 지문에 금이 갔다
조금 있으면 놉을 얻어 알을 솎아낼 차례다
꽃을 따는 일이 그렇게 고되다
꽃 진 자리에 사과가 꽉 들어찰 것이다

봄꽃은 흉터다
핀 꽃은 상처다

놈

 동창 녀석이 나를 보고 넋 빠진 놈이라고 한다 벌써 넋이 없구나 하도 넋 빠진 놈 소리를 많이 듣고 자라서 더 이상 빠질 넋이 없다 우리 동네 넋 고개는 나무 옷을 입어야 넘을 수 있다 나는 뇌출혈로 쓰러졌다 몸만 남았다

 마을 어르신들이 나를 만나면 썩을 놈이라고 한다 다행이다 썩지 않을 놈이 되었으면 어떡할 뻔했나 돌에다 이름을 쓰고 비석에다 자기 시를 박아 넣는 사람 여럿 봤다 썩어 거름이 못 되더라도 썩어 없어질 몸뚱이면 괜찮다 그래 두엄은 냄새를 풍기지만 이름 없이 사라지는 것도 좋은 일이다

 작은 어머니는 나를 보고 호랭이 물어갈 놈이라고 한다 하도 많이 들어서 귀에 못이 박혔다 웃음이 절로 나온다 이 땅에는 호랑이가 없다 동물원에 가야 본다 동물원 우리에서 방금 뛰쳐나온 나

도 굶주린 나머지 남의 음식을 몰래 훔쳐가 본 적이 있다

넋두리

 남자는 바람 같은 존재여 형님, 시아주버니가 형님 말고 딴 여자와 눈이 맞아 야반도주하는 바람에 대들보에 목을 매다니오 조금만 참았으면 좋은 세상 누리고 살다갈 것인디 참으시지 이렇게 수리취 올라오고 고사리 꺾으면서 오랫동안 아래윗집 얼마나 정이 들고 좋소 봄바람은 살랑대고 무덤가엔 잔디가 푸르러지면서 소쿠리봉떡이 자기 푸념을 하고 있는데, 제수씨 여기 막걸리 한 잔 하고 내려가시오 시아주버니가 형님 만나러 오셨구만 가슴이 벌떡벌떡 뛰면서 봄나물 뜯은 보자기가 어디 있는지도 몰라 어떻게 안다랭이를 내려왔는지 벚꽃은 지고 사과꽃은 피어나고

불알동무

영수 진수 기석이는
술로 먼저 갔다

수분국민학교 13회 동창 35명 중에
32명이 남았는데

전기놀이를 하던
수건돌리기를 하던
서리를 하다 지치면 라면을 끓여먹던

인철이는 말기 암이고
(인철이는 2020년 봄에 갔다)
경철이는 많이 떼 냈고
순기는 병원에서 포기했다
(순기*는 2019년 겨울에 문턱을 넘어섰다)

이제 30명만 남았다

좋은 놈들은 다 가고
쓰잘데기 없는 놈들만 남아 지구를 더럽히는구나

* 순기는 담낭암

다리 밑

농기계 훔쳐간 놈들아
할부로 샀다
고랑 타다 뒈져버려라

살 떨리는 얘기

낡은 아파트 벽면에
근로자 복지 아파트가 써 있었다
바람이 불었다 쓸쓸한 풍경이 일었다
견디지 못하고 복자에 기역이 떨어져 나갔다

아파트 이름에서도 노동자를 깔보는 시절이었다

음식을 잘하는 안동에서 내려오는 이야기다
교통사고로 아버지를 잃은 남자는 조곤조곤했다
암으로 동생을 먼저 보낸 시인 친엄마 얘기는 차마 못 하겠다
때마침 밤기차가 지나갔다
안개가 짙게 끼었다
감나무에 걸터앉아 자기가 앉아 있는 가지를
톱으로 자른 숙맥이 사는 곳이다
조금 들어가면 지보면이 있는데, 면사무소 정면에
알찬 지보, 힘찬 지보, 전진하는 지보라고 씌어

있었다
   정의구현 사회를 만든다는, 사람을 많이 죽인 전두환 때 일인데,

   웃자고 하는 얘기지만
   살 떨리는 소리다

   사람을 얕잡아보지 않고는 결코
   쓸 수 없는 말이다

투계

작은 형은 키가 컸다

전포국민학교를 다니다 전라도 시골학교로 전학 왔다

경상도 말을 썼다

곧 놀림감이 되었다

부산 깡패가 되었다

싸움닭이 되었다

털이 모두 빠지고 근육만 남았다

남을 패는 일은 자기를 죽이는 일이다

결국 맞은 놈도 죽고 때린 놈도 죽었다

49재
— 동현이에게

너는 교대역에서 갔다
삶과 죽음을 교대했다
택시를 기다리다
가족들이 기다리는 영원한 집을 찾아 떠났다

나는 뇌출혈에도 살아 남았다
큰누나는 음악을 크게 틀어놓고 울었다
처음으로 동생에게 긴긴 편지를 썼다

속절없이 늙은 매형은
무슨 미련이 남아 있어 불어터진 시간을 견디고 있나

너 없는 가을에
이 깊은 가을에
내 삶이 바람이었으면 좋겠다
구름이었으면

햇빛이었으면 좋겠다

언제 교대해도 상관없을
저 빈 들판이었으면 좋겠다

여자만

곶串이 남자라면
만灣은 여자다

남자는 죽이지만
여자는 살린다
남자는 파괴하지만
여자는 보듬어 안는다

여자만에 한번 가보라
온갖 해산물이 넘쳐난다
살린다는 말은 먹인다는 뜻이다
생산에 관여한 사람만이 사멸에 대해 말할 수 있다

먹어야 산다
잘 들어와야 잘 빠진다

서울에 가면
여자만이 여럿 있다
여수 바닷가에 가면
여자만이 있다

지구의 반은 여자다
앞으로 우주는 여자가 이끌어 갈 것이다
우리는 여자만의 자식들이다

밀림에 들어가면
아마조네스가 있다

새는 좌·우의 날개로 난다는데

나는 오른손잡이다
오른손은 고생이 많았다
오른손으로 새끼를 꼬고 가마니를 치고 나락을 묶고
못도 오른손으로 박고
깔을 베어도 나무를 해와도 오른손으로 낫을 잡고
밥을 먹어도 오른손으로 숟가락을 잡는다
젓가락질도 오른손으로 한다
군대에서는 오른발이 먼저 나가 고문관 소리를 자주 들었다
불명예제대를 해서 술 더 달라고 술집 강화유리를 깨
138바늘 꿰맨 곳도 오른손이다
피가 섞여 나올 때까지 용두질을 한 것도 오른손이다
자세히 보니 오른 눈이 좀 더 크고 밤새 울었는지 두덩이도 많이 부었다

콧구멍도 오른 콧구멍이 더 벌렁거리고
귀도 오른쪽 귀가 더 크고 발도 오른쪽이 더 크다
그리운 사람과 악수도 당연히 오른손으로 한다
나이 먹고 쓰러지고 난 뒤에도
오른손이 덜덜 떨린다
(왼쪽은 멀쩡하다)
그런데 사람들은 나더러 좌파라 부르고 좌익이라고 부르고
좌편향이라고 한다
빨갱이라고 부른다
딱 하나, 손가락에 침을 발라 책장을 넘길 때 가끔 왼손을 쓴다
나는 좌익인가
우익인가

안동 제비원 미륵불

 안동 제비원에는 돌에 새긴 미륵불이 한 분 계신다
 키도 크고 코도 크고
 입을 짊어지고 다녀도 말이 없다
 눈두덩이도 소복하고
 덩치 좋은 내 친구 닮은 미륵불이 서 계신다

 당연히 안경은 쓰지 않고
 일 년 내내 눈비를 맞아도 우뚝한
 일 년 내내 마셔도 취하지 않는 미륵불이 한 분 계신다

 소나무 아래에 계신 미륵불을 보고 있으면
 갈수록 사람을 닮았다
 머리카락 희끗희끗 눈발이 날리면 피하지도 않고
 꿋꿋이 서 계신 사람 하나를 만나는 기분이다

 미륵불도 인간이니까 배가 고프면

간고등어 정식이나 식혜, 헛제사밥, 문어숙회에 진맥소주를 마시고
간식으로 참마를 몰래 먹는지도 모른다
소금이나 생강으로 입가심을 할지도 모른다

성주풀이도 끝나고 오구굿, 씻김굿도 끝나고
상여도 나가고
미륵불은 외롭고 쓸쓸해 다시 한잔 마신다
지나가는 바람이 나무를 흔들고
솔씨공원 잔디밭처럼 허전해지면 미륵불은 또 한잔 한다

사람 좋은 미륵불이 잠이 들면
꿈도 흔들리고
돌도 흔들린다
석공도 흔들린다
소나무도 흔들린다

익산

오래 전부터 어울려온 종교가 있었다

그곳엔 강이 산다
      돌이 산다
      나무가 산다
      탑이 산다
그곳엔 노래가 산다

그 모든 것을 지탱하는 흙이 있다
휘어져 흐르는 물길이 있다
하늘이 있고 구름이 있고
밤에는 검은 산 위로 별들이 반짝 인다

새들은 드넓은 창공을 날아 집으로 돌아가고
바람이 불고 유성이 떨어지고
까마귀 떼는 청정지역에서만 산다

역사는 허물어져 아름다운 것이다
황량함이 아름다운 이유다
기울어져 있는 것이 아름다운 이유다

가장 아끼는 것을 버려야
바닥이 일어설 수 있다
그늘이 일어설 수 있다

익산에 가면 사람의 뿌리를 찾을 수 있다
뿌리의 고독이 깊어져,
폐허의 고독이 깊을 대로 깊어져,
돌 속에는 백제의 혼이 살고 있다

| 산문 |

내 영혼을 뒤흔든 한편의 시

 남들 대학생 나이에 중학교 과정을 배웠다. 나는 정동제일교회 배움의 집 3기 출신이다. 일찍 세상을 버린 이영훈이 가사를 쓰고 곡을 붙인, 얼굴이 긴 가수가 부른 우리 교가, 광화문 연가에서는 눈 덮인 작은 교회당이 나오는데, 정동교회는 큰 교회다. 독재자 이승만이 교회 신도였으며, 유관순 열사 장례식이 거행된 곳이다(이화여고가 담장 너머에 있다). 중국집과 부산식당, 잡화점을 거쳐 도매로 주류 판매하는 대호상회를 지나 빵공장에서 기술자들 빤스를 빨아준 끝에, 서울로 올라와 보석세공공장에서 광을 내고 잔심부름을 할 때였다. 입학식 날이 떠오른다. 시절은 가을밤, 얼큰하게 술이 오른 야학 교감선생이 칠판을 두 개 잇대어놓은 벧엘예배당에 윤동주의 서시를 적어 놓고 느낌을 말하라는 것이었다. 처음 보는 시다. 무조건 좋았다. 몇몇이 손을 들고 뭐라 했다. 나도 손을 들고 말을 했는데 기억나지 않는다. 나중에 윤동주가 연희전문을 나왔고 일본 유학을 했으며 후쿠오카 감옥에서 요절했다는 사실을 알게 되었다. 악독한 일본 놈들이 생체실험 했다는 말도 들린다. 또한 「별 헤는 밤」, 「참회록」, 「자화상」을 비롯, 수많은 명시가 있다는 사실을 알았다. 나는 결심했다. 시인이 될 거라고, 윤동주보다 더 멋진 시를 쓰는 시인이 될 거라고.

그러나 시인되는 일은 요원했다. 세월은 강물같이 흘러, 술집 웨이터와 불명예제대와 각종 식당 주방을 전전했다. 신춘문예는 물심양면으로 떨어졌고 잡지 투고도 족족 물 말아 먹었다. 신문사 문화센터 시 창작 교실을 기울인 끝에, 스승이 주간으로 재직하던 시 전문잡지에서 온갖 잡일을 한 것도 사실이다. 그때, 인사동 바로 옆, 심야 영화관에서 기형도가 죽었다. 눈이 풀린 채 정신없이 인사동 거리를 헤매고 다니던 황인숙이 떠오른다. 가끔 기형도의 「엄마생각」과 오탁번의 「하관」을 외우며

고향에 남아 있는 어머니를 떠올리기도 했다. 어머니 돌아가시고 동탄 유리공장 다닐 때는 매일 밤 야근을 하면서 기흥 고매리까지 자책하며 울면서 걸었다. 그래도 시인은 멀기만 했다. 하도 응모하면 떨어지기만 해서, 시인이 되는 것은 내 능력 밖의 일이라 포기하고 경양식당 지배인이 되었다. 되는대로 살았다. 월급을 모두 쏟아 넣고 술을 마셨다. 언제 죽어도 좋았다. 그때 만난 사람이 지금의 아내다.

아내와는 2년 동안 연애를 했다. 구구절절한 속사정은 생략하겠다. 그래도 문청 실력은 남아 있어, 술이 취하면, 정일근의 「유배지에서 보내는 김정희의 편지」, 곽재구 「사평역에서」, 황동규의 「즐거운 편지」, 정호승의 「이별 노래」를 낭송하고 노래를 불렀다. 다행히 아내는 내 재롱잔치를 잘도 참아주었다.

결혼하고 한동안은 시를 돌아볼 수 없었다. 막노동은, 별을 보며 일을 나가 별을 보고 셋방으로 돌아오는 것이었다. 가끔 비가 오면 시를 생각하고 끼적거리기도 했다. 겨울이 왔다. 단칸방에서 밥상을 책상 삼아 문학을 공부하고 글을 썼다. 그때처럼 치열하게 산 적이 없다. 그 사실을 알아줬나, 겨우 등단을 했다. 한동안은 이성복의 시와 산문에 취해 살았다. 특히 시 「그날」은 좋았다. 수십 번 암송을 하고 필사를 했다.

점점 넓혀나가, 허수경의 시집 『슬픔만한 거름이 어디 있으랴』를 주제로 합평과 토론을 했으며 「폐병쟁이 내 사내」를 통째로 외웠다. 최승자의 시니컬한 「즐거운 일기」를 막걸리와 함께 흥얼거렸다. 김수영의 「풀」과 「폭포」는 부드러우면서도 날카롭고 신동엽의 『금강』은 장쾌했다. 김신용과 이면우를 알게 된 것도 그즈음이다. 어떤 시인보다도 강렬했다. 바로 존경하게 되었다. 김신용은 지게꾼 출신이며 마흔네 살에 무크지로 데뷔했다. 「양동시편」 연작은 대단했다. 특히 뼉다귀 집은 눈에 선하다. 그만큼 이미지로 그림을 잘 그리는 시인도 드물다. 남대문 시장에서 배달을 한 나로서는 생생한 그림이다. 이면우는 보일러공이다. 시지 않는 김칫독을 개발했다. 지금의 김치 냉장고 전신이다. 그는 노가다를 하면서 시를 썼는데, 사장이 조그만 인쇄소에서 시집 『저 석양』을 내줬다. 나는 친구의 도움으로 시집을 받아봤다. 충격이었다. 기존 시인들은 게임이 안 되었다. 아, 이런 시인 숨어 있었구나. 그의 「생의 북쪽」, 「벚꽃 단장」, 「거미」, 「조선문 창호지」는 한국 문단에 길이길이 빛나는 절창이다.

가끔 처가에 간다. 처가는 논산에 있다. 장인은 2남2녀를 두었는데 아내가 장녀다. 아내와 처제는 처삼촌을 닮아 술을 잘 마시는데 장인과 처남들은 체질적으로 못 마신다. 추석이나 설 명절에는 자고 오기도 하는데 문제는 화장실이다. 물론 아파트고 34평형이니 화장실이 두 개나 있다. 하지만 소리가 나잖아. 술도 못 먹고. 나는 꾀를 냈다. 아파트 근처에는 논산공설운동장이 있다. 화장실 가는 척하고 술 마시고 오기 딱이었다. 나는 소주와 맥주를 사가지고 운동장 뒤로 갔다. 어두컴컴하고 조용하고 술 먹기에는 좋은 곳이었다. 똥 누러 갔다가 알밤 주웠다. 시비가 있었다. 돌을 반달처럼 깎아 만든 시비였다. 김관식과 박용래. 내가 좋아하는 박용래가 거기 있었다. 오죽하면 북에는 소월, 남에는 용래라고 했을까. 나는 술 먹기 전에 「居山好」와 「저녁눈」 앞에 술을 그득 따라놓고 절을 했다. 가난했지만 배짱하나는 누구보다 뛰어난 김관식(민의원 선거에서 장면 총리하고 붙은, 멍멍이 손윗동서 서정주를 서君, 월탄 박종화를 박君이라 부르고 유일하게 박용래를 형님이라 인정한)과 눈물의 시인 박용래가 같이 술을 마셔주었다. 달이 떠올랐다.

지천명이 넘어 고향땅에다 조그맣게 집을 지었다. 쓸데없이 연구 및 공부를 많이 하다 보니 스님들의 평균 공부방 통계를 내 보았는데, 4평 남짓이었다. 경허도 그렇고 만공도 그랬다. 천장암 경허 공부방에는 누워 보기도 했다. 내 공부방도 거기에 벗어나지 않는다. 옛터에 집을 짓고 몇 년 동안, 매일 읍내까지 걸어 다녔다. 강 따라 걸으면 두 시간, 산 따라 걸으면 네 시간이 넘게 걸렸다. 산 따라 걷다가 용계리에서 안향마을로 접어들었다. 커다란 표지판이 나왔다. 시골치고 족보 있는 큰 절이었다. 절로 들어가서 바위 아래 물을 마시고 있는데 주지 스님이 나타났다. 할머니 스님이었고, 전체가 비구니 절이라는 사실을 알았다. 그러거나 말거나 배낭 속에서 사과즙을 꺼내 드렸다. 주지 스님이 얘기했다.

"저기, 절벽에 공부방 보이지?"
절벽에는 함석으로 엮은 가건물이 보였다.
"머리 깎아, 저기서 공부하고."
"스님, 저, 결혼했구요, 자식도 있어요."
"상관없어. 승복 준비해놨어."

친구가 늦게 결혼했다. 친구보다 더 가까운 선배가 주례를 봤다. 결혼식장은 갑사 근처 작은 암자였다. 늘 그렇듯이, 가장 먼 곳에 사는 사람이 제일 먼저 도착한다. 일찍 온 나는 암자 여기저기를 둘러봤다. 보면서도 어떤 눈길이 따라온다는 것을 느꼈다. 이리 훑어보고 저리 훑어보고, 내가 동물원 원숭이도 아니고, 눈길의 임자는 암자 주인이었다. 기분이 엄청 나빴다.
"오호라, 물건이로고."
"스님, 저는 곡괭이나 삽자루나 망치가 아니거든요, 사람이에요, 사람. 스님도 세숫대야가 장난이 아니네요."
스님은 달마선사를 닮았다.
"허허, 저기 말이야, 내가 2년 동안 미얀마에서 공부하게 되었거든, 그동안 절을 맡아줄 수 없어?

공양주 보살 붙어줄게."

　지은 죄가 많은, 장작 패기 달인은 완강하게 거절했다.

　　女僧
　　　　백석

　　女僧은 합장하고 절을 했다
　　가지취의 내음새가 났다
　　쓸쓸한 낯이 옛날같이 늙었다
　　나는 佛經처럼 서러웠다

　　平安道의 어느 산 깊은 금점판
　　나는 파리한 女人에게서 옥수수를 샀다
　　女人은 나 어린 딸아이를 때리며 가을밤같이 차게 울었다

　　섶벌같이 나간 지아비 기다려 十年이 갔다
　　지아비는 돌아오지 않고
　　어린 딸은 도라지꽃이 좋아 돌무덤으로 갔다

　　山 꿩도 섧게 울은 슬픈 날이 있었다
　　山 절의 마당귀에 女人의 머리오리가 눈물방울과 같이 떨어진 날이 있었다

시와반시 기획시인선 020
내가 가장 젊었을 때

2021년 5월 31일 초판 1쇄

지은이 | 유용주
펴낸이 | 강현국
펴낸곳 | 도서출판 시와반시

등록 | 2011년 10월 21일 (제25100-2011-000034호)
주소 | 대구광역시 수성구 지산로 14길 83, 101-2408호
대표전화 | 053)654-0027
팩스 | 053)622-0377
E-mail | khguk92@hanmail.net

ISBN 978-89-8345-108-8 03800

*이 책 내용의 전부 또는 일부를 재사용하려면 반드시 저작권자와 시와반시사 양측의 동의를 받아야 합니다.
*잘못된 책은 바꾸어 드립니다.
*지은이와의 협의에 의해 인지는 생략합니다.